글 오승현 | 그림 이한울

작가의 말

에너지 슈퍼맨, 지구를 구하라!

자동차 번호판을 유심히 본 적 있나요? 번호판마다 색깔이 달라요. 보통은 흰색이 많지만, 노란색, 파란색 등도 있죠. 노란색은 택시나 버스 같은 영업용 차량이에요. 파란색은 전기 자동차 번호판이에요. 머지않아 전기 자동차들만 도로를 달리게 될 거예요. 전기 자동차가 뛰어나서일까요? 아니에요. 지구에 닥친 위기 때문이에요.

지구가 아파하고 있어요. 슈퍼맨도 구하지 못할 만큼 점점 뜨거워지고 있죠. 여름은 점점 더 더워지고, 폭우와 태풍도 자주 찾아와요. 이런 현상을 '기후 위기'라고 불러요. 지구의 기온이 빠르게 올라가면서 날씨가 이상해진 거예요. 지구는 왜 이렇게 뜨거워지고 있을까요?

기후 위기는 에너지와 관련돼요. 우리는 전기를 쓰고, 자동차를 타고, 공장을 돌리기 위해 에너지를 사용해요. 지금까지 주로 사용한 에너지는 석탄, 석유 같은 화석 연료예요. 화석 연료를 태우면 이산화

 탄소라는 기체가 나오는데, 이게 지구의 열을 가둬서 온도를 높이고 있어요. 그래서 더운 날이 점점 더 늘어나고 있답니다.
 하지만 걱정하지 마세요. 우리에겐 에너지 슈퍼맨이 있답니다. 바로 태양, 바람, 물 등을 활용한 재생 에너지예요. 재생 에너지는 다 써서 없어질 걱정이 없어요. 해는 매일 뜨고 바람은 계속 불고 강물은 늘 흐르니까요. 그래서 계속 다시 쓸 수 있다는 의미에서 에너지 앞에 '재생(再生)'을 붙였답니다. 이를 잘 활용하면 지구에 부담을 주지 않으면서도 필요한 전기를 얻을 수 있어요.
 우리도 슈퍼맨처럼 지구를 구할 수 있어요. 전기를 아끼고 쓰레기를 줄이는 것만으로도 슈퍼 히어로가 될 수 있답니다. 혼자라면 지구를 구할 수 없지만, 함께라면 할 수 있을 거예요. 재생 에너지와 함께 슈퍼 히어로가 되어 볼래요?

지구 지킴이 오승현

차례

1 가자, 이스터섬으로   12

2 자원이 사라진다면?   22

3 지구가 더워지고 있어   30

4 에너지 탐험대 결성!   38

5 신나는 재생 에너지 체험   48

⑥ 친환경 에너지 발명 대회　　62

⑦ 먹다 버린 음식도 전기가 된다고?　　72

⑧ 재생 에너지의 현장으로　　80

⑨ 우리 함께 실천해!　　90

등장인물

나세미

초등학교 5학년인 세미는 재원이보다 1분 먼저 태어나 누나가 되었다. 열정이 넘치고 모든 일에 흥분을 잘한다. 일을 잘 벌이지만 꼼꼼하지 않아 쌍둥이 동생 재원이에게 자주 잔소리를 듣는다. 하지만 동생을 위해 바퀴벌레도 잡아 주는 씩씩한 누나다.

나재원

1분 늦게 태어나 동생이 된 것에 불만이 많다. 하지만 누나 세미가 벌여 놓은 일에 늘 적극적으로 동참한다. 책을 좋아하고, 편식을 하다 보니 마르고 은근히 겁이 많다.

차분해

엄마 차분해 여사는 초등학교 선생님이다.
엉뚱한 아빠와 쌍둥이를 키우느라
어지간한 일에는 놀라지 않는 강심장이 되었다.
무슨 일이 생기면 어디선가 나타나 깔끔하게
정리해 주는 든든한 쌍둥이 가족의 해결사다.

나잘나

아빠 나잘나 박사는 환경 관련 연구를
주로 하는 공학 박사다.
지구가 오염되는 게 늘 걱정인 아빠의
머릿속에는 엉뚱한 발명품으로 가득 차 있다.
쌍둥이를 누구보다 사랑해서 아이들에게
잘해 주고 싶은 의욕이 과한 것과
요리를 좋아하지만 맛은 없다는 게 단점이다.

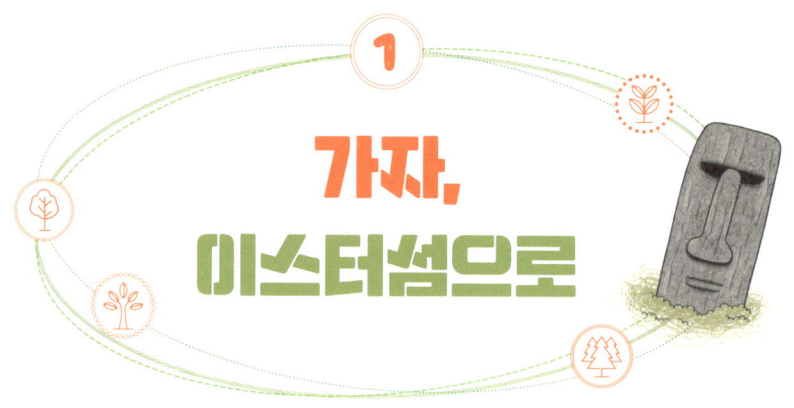

1 가자, 이스터섬으로

 여름 방학이 시작되자마자 세미와 재원이는 신이 났다. 올해는 특별한 여행이 기다리고 있어서다. 바로 '이스터섬'으로 여름휴가를 떠나는 것! 거대한 모아이 석상이 가득한 섬이라니, 생각만 해도 설렌다.
 드디어 여행을 떠나기 전날 밤, 세미는 마음이 들떠 잠을 이루지 못했다.
 '커다란 모아이 석상이 갑자기 눈을 뜨면 어떡하지?'
 이런저런 상상을 하다 보니 새벽 2시가 훌쩍 지나 있었다.
 재원이도 설레는 마음은 마찬가지였다. 가족 모두가 잠든 사이에 거실에 몰래 텐트를 치고는 침낭을 깔고 누웠다.
 "모아이 캠핑을 미리 경험해야지. 오늘 밤은 이스터섬의 별을 보며 잠들겠어."

세미는 누워서 뒤척이다 물을 마시러 어두운 거실로 나왔다. 그러다 뭔가에 걸려 넘어지고 말았다.

"이게 뭐야?"

세미 소리에 재원이가 침낭과 한 몸이 되어 꿈틀꿈틀 텐트 밖으로 나왔다. 세미 눈에 시커멓고 커다란 물체가 희미하게 들어왔다.

"악! 괴물이야, 괴물!"

재원이라고는 꿈에도 생각 못 한 세미가 소리를 질렀다.

"괴물 아니야. 나야, 나."

재원이가 다급하게 말했다. 시끄러운 소리에 차분해 여사와 나잘나 박사까지 거실로 뛰어나왔다.

"왜, 왜? 무슨 일이야?"

차분해 여사는 서둘러 거실 불을 켰다. 그러고는 눈앞에 펼쳐진 광경에 기가 막혀 했다.

"엄마, 나야 나. 캠핑 기분을 좀 미리 내려고 거실에 텐트를 설치했는데…."

거실 한쪽에 나동그라졌던 세미는 황당한 표정을 지었고, 재원이는 한껏 풀 죽은 표정이었다.

다음 날 아침, 새벽의 소동을 다 잊을 만큼 모두가 분주하게 움직였다.

"얘들아, 짐은 다 챙겼어?"

차분해 여사가 물었다.
"응, 나는 수영복이랑 모자 그리고 카메라도 챙겼어."
세미가 씩씩하게 대답하자 재원이도 이에 질세라 가방을 뒤적이며 말했다.
"난 탐험 도구들 챙겼어. 나침반, 돋보기 그리고 아빠가 만든 '초강력 모래 탐지기'도 가져가기로 했어."
"초강력 모래 탐지기?"
차분해 여사가 고개를 갸웃했다.
"모래 속에서 보물을 찾아낼 수 있는 장치랍니다. 이 버튼을 누르면 '삑!' 소리가 나면서 모래에 묻힌 특별한 것들을 찾아 준다고요. 대단하지 않아요?"
나잘나 박사가 의기양양한 표정으로 거실로 나오며 말했다. 나잘나 박사는 '초강력 모래 탐지기'를 흔들어 보였다. 나잘나 박사가 엉겁결에 버튼을 누르자 '삑삑삑!' 경보음이 크게 울리며 떨기 시작했다. 세미와 재원이가 황급히 뒤로 물러섰다.
"으악, 아빠! 고장 난 거 아니야?"
"에헴, 아직 시험 단계라 그런 거야. 조금만 손보면 정상 작동할 거야. 얘들아, 아빠 믿지?"
나잘나 박사는 황급히 버튼을 껐다. 차분해 여사가 깊은 한숨을 쉬며 말했다.
"이번 여행에는 엉뚱한 발명품 좀 자제해 주세요, 나잘나 박사님!"

드디어 쌍둥이네 가족은 비행기를 타고 이스터섬으로 출발했다. 창밖으로 끝없이 펼쳐진 푸른 바다가 반짝였다. 한참을 날아가자 외로운 섬 하나가 수평선 너머로 모습을 드러냈다.

비행기에서 내려 공항을 나온 쌍둥이네 가족은 렌터카를 타고 숙소로 이동했다. 해안가가 보이자 세미와 재원이는 눈이 휘둥그레졌다.

"사진이랑 완전 똑같아!"

"진짜 모아이야. 우리를 보고 있는 것 같아."

섬 곳곳에는 거대한 석상들이 줄지어 서서 바다를 응시하고 있었다. 푸른 바다와 함께 신비로운 모아이 석상들이 반겨 주는 듯했다.

"이게 다 돌로 만든 거라고?"

세미가 감탄하며 석상을 올려다봤다.

"그나저나 이 섬에는 왜 나무가 거의 없지?"

재원이가 주변을 둘러보며 물었다. 세미도 고개를 갸웃거렸다.

"좋은 질문이야. 옛날에는 이스터섬에도 울창한 숲이 있었어. 그런데 사람들이 나무를 마구 베어 쓰다 보니 숲이 사라졌지. 결국 농사도 짓지 못하고, 마실 물까지 부족해졌단다."

나잘나 박사의 설명을 들은 세미가 넓은 평원 곳곳에 세워진 모아이들을 가리켰다.

"그렇게 살기 어려웠는데, 이 석상들은 어떻게 만들었어?"

나잘나 박사가 차분한 목소리로 말했다.

"석상들은 그 전에 만들어졌어. 사실 나무를 마구 베어 쓴 이유가 석상 때문이었지."

"석상 때문에 나무를 사용했다고?"

세미가 넓은 평원에 세워진 모아이들을 바라보며 이상하다는 듯이 고개를 갸웃했다. 그런 세미를 보고는 나잘나 박사가 씽긋 웃으며 설명했다.

"모아이 석상은 이스터섬의 원주민들이 조상을 우러러 받들고, 사회적 지위를 뽐내기 위해 만든 거대한 석상이야. 문제는 이 석상을 만드는 과정에서 엄청난 양의 자원이 필요했다는 거지. 특히 나무가 많이 필요했어."

"나무가? 석상을 만드는데, 왜?"

재원이가 궁금해하자 이번에는 차분해 여사가 나섰다.

"석상을 깎고 세우는 것도 힘든 일이었지만, 더 큰 문제는 석상을 옮기는 과정이었어. 커다란 돌덩이를 마을까지 운반해야 했는데, 사람들은 나무를 썰매나 롤러처럼 사용해서 석상을 이동시켰단다. 그렇게 나무를 마구 쓰다가 섬의 숲이 사라진 거야."

"숲이 사라지면 문제 아니야?"

세미가 걱정스럽게 물었다.

"맞아. 나무가 사라지면서 여러 가지 문제가 생겼어. 먼저, 양분이 될 나뭇잎이 없으니 토양이 약해지며 농사짓기가 어려워진 거야. 식량이 부족해지자 사람들은 점점 힘들어졌고, 서로 먹을 것을 차지하려고 싸우기 시작했단다."

차분해 여사가 조용히 섬을 둘러보며 말했다.

"그럼 물고기를 잡아먹으면 되잖아?"

재원이가 이해가 안 된다는 듯이 물었다. 그 말에 나잘나 박사가 고개를 저었다.

"그것도 쉽지 않았어. 배를 만들 나무조차 없었거든. 결국 물고기 잡는 일도 어려워졌고, 사람들은 먹을 것을 더 구하기 힘들어졌지."

"그래서 사람이 살 수 없는 섬이 된 거구나."

세미가 거대한 모아이를 보며 중얼거리자 나잘나 박사가 대답했다.

"그렇지."

"아빠, 혹시 우리 지구도 이렇게 되는 건 아니겠지? 우리도 조심해야 하는 거 아니야?"

재원이가 걱정스럽게 물었다. 나잘나 박사가 잠시 생각하더니 입을 뗐다.

"그래서 우리가 이스터섬에 온 거야. 우리가 지구 자원을 마구 써 버리면 어떻게 되는지 직접 보면서 느껴 보자고 말이지."

이때, 재원이가 갑자기 나잘나 박사의 '초강력 모래 탐지기'를 꺼내 들었다.

"아빠, 이거 한번 써 봐도 돼? 혹시 섬에 숨겨진 보물이 있을지도 모르잖아."

나잘나 박사가 신이 난 듯 눈을 반짝였다.

"좋은 생각이야. 한번 해 보자."

가족들은 모래 탐지기를 들고 이리저리 섬을 뒤졌다. 탐지기가 삑삑거리며 소리를 내자 땅을 파기 시작했다. 그런데 보물 대신 버려진 쇳조각이 나왔다.

"애걔, 이게 보물이야?"

세미가 실망한 표정을 지었다. 그 순간 바람이 '쌩' 하고 불더니 세미의 모자가 날아갔다.

"으악, 내 모자!"

세미가 달려가자 모자는 마치 살아 있는 것처럼 이리저리 도망쳤다.

"재원아, 빨리 잡아!"

재원이가 온 힘을 다해 점프했지만, 모자는 '휙' 하고 바람을 타고 날아가더니 모아이 석상 머리 꼭대기에 '툭' 하고 얹혔다.

"우와, 갑자기 패션 석상이 됐네."

재원이가 킥킥 웃었다.

"이럴 줄 알았으면 선글라스도 씌워 줄 걸 그랬네."

나잘나 박사도 장난스럽게 한마디 얹었다. 빙긋 웃던 차분해 여사가 스마트폰을 꺼내며 소리쳤다.

"자, 모두 웃어. 인생 첫 모아이 패션쇼 기념사진이니까."

'찰칵!'

그렇게 세미의 모자가 씌워진 '스타일리시한 모아이'를 배경으로 가족은 환한 얼굴로 사진을 남겼다.

2 자원이 사라진다면?

여름휴가를 마치고 두 손 가득 짐을 든 쌍둥이와 나잘나 박사가 막 집으로 들어섰다. 차분해 여사는 간단한 요깃거리를 사 온다며 집 앞 마트에서 내렸다. 집에 도착해서도 쌍둥이는 이스터섬에서 본 거대한 모아이 석상과 사라진 숲 이야기가 머릿속에서 떠나지 않았다.

"근데 정말 나무가 다 없어져서 사람들이 사라진 걸까?"

세미가 씻지도 않고 거실 소파에 벌러덩 누우며 물었다.

"그렇다고 했잖아. 배를 만들 나무도 없고, 땔감도 없으니 살 수가 없었던 거래."

재원이가 나잘나 박사에게서 들은 이야기를 의기양양해 하며 말했다.

"자원을 마구 쓰다 보면 결국 우리도 그렇게 될 수 있지."

나잘나 박사가 재원이 머리를 쓰다듬으며 말했다.
"휴, 피곤하다."
나잘나 박사는 서둘러 짐을 정리하더니 금세 이상한 기계 하나를 들고 나왔다.
"짜잔! 아빠가 가기 전에 발명해 둔 무한 전력 발전기다!"
나잘나 박사는 손바닥 크기의 기계를 아이들 앞에 들이밀었다.
"전력 발전기? 그럼 전기를 만드는 거야? 우와, 정말?"
재원이가 기대에 찬 눈빛으로 말했다.
"물론이지. 이 버튼만 누르면⋯."
'딸깍' 그 순간 갑자기 집안의 모든 불이 꺼졌다. 에어컨도, TV도, 냉장고도 전부 꺼져 버렸다.
"어? 뭐지? 아빠, 설마 또?"
세미가 의심스러운 눈길을 보냈다.
"어, 잠깐만. 내가 그런 게 아닐 거야⋯, 아마도?"
나잘나 박사가 당황하며 기계를 살펴보는 순간, 밖이 소란스러워졌다. 베란다에서 밖을 내다보던 세미가 소리쳤다.
"아빠, 다른 집들도 정전된 것 같아."
세미의 말에 나잘나 박사가 베란다로 나와 창문을 열고 밖을 내다보았다. 아파트 단지 전체가 불이 꺼진 모양이었다.
"우리 집만 그런 게 아니네. 아파트 전체가 정전이야. 설마 내 발명품 때문에 이런 건 아니겠지⋯."
나잘나 박사는 어쩔 줄 몰라 하는 표정이었다.

"어? 그러면 우리 집 인터넷도 안 되는 거야?"

재원이가 깜짝 놀라며 와이파이를 확인했다.

"오, 안 돼. 나 게임해야 하는데, 큰일이다."

그때였다. 현관문이 '덜컥' 열리더니, 헉헉거리는 숨소리가 들려왔다.

"허억… 허억…, 으아…, 힘들어…."

차분해 여사였다. 얼굴이 땀범벅이 되어 비닐봉지를 바닥에 내려놓으며 겨우 숨을 돌렸다.

"엄마! 뭐야, 왜 그렇게 힘들어 보여?"

세미가 깜짝 놀라며 물었다.

"마트에서 장을 보고 오는데…, 아파트 엘리베이터가 안 되더라…. 헉헉, 그래서 20층까지 계단으로 올라왔어."

차분해 여사는 땀을 닦으며 힘겹게 주저앉았다.

"우와, 20층까지? 엄마 진짜 대단하다."

재원이가 엄지를 치켜세웠다.

"대단하긴, 아이고 진짜 힘들다. 하아…."

그런 차분해 여사 모습을 보며, 나잘나 박사는 멋쩍게 웃으며 말했다.

"여보, 혹시 정전이 왜 일어났는지 알아요?"

그러면서 손에 들고 있던 발명품을 재빨리 몸 뒤로 숨겼다. 순간 차분해 여사의 눈이 번뜩였다.

"나잘나 박사님, 설마 또 무슨 발명을 한 거예요?"

"아, 아니… 일부러 그런 건 아니고…. 어쩌다 보니, 이게….'
나잘나 박사는 식은땀을 흘리며 말끝을 흐렸다.
"나잘나 씨!"
차분해 여사의 목소리가 한층 낮아졌다. 화를 삭이는 듯했다.
"네?"
나잘나 박사는 모깃소리로 아주 작게 대답했다.
"설마 우리 집뿐만 아니라 아파트 전체가 정전됐는데, 그게 당신 작품 때문이라고 말하려는 건 아니겠죠?"
나잘나 박사는 허둥지둥 손을 내저었다.
"아, 아니죠. 그럴 리가요. 그저… 우연히 타이밍이 좀 그렇게…."
나잘나 박사의 기죽은 모습에 차분해 여사는 깊은 한숨을 쉬며 이마를 짚었다.
"아무튼, 아파트 전체가 정전이래요. 당분간 전기가 안 들어올 수도 있대요."
차분해 여사의 말이 끝나기 무섭게 세미와 재원이가 동시에 소리쳤다.
"에? 그럼 에어컨도 안 돼?"
"그렇겠지. 가전제품은 전기가 없으면 작동하지 않으니까."
차분해 여사는 물 한 모금을 마시고, 아이들을 바라보며 말했다.
"정전이 되는 걸 보면 알겠지만, 우리가 쓰는 전기는 무한하지 않아. 전기를 만들려면 석유, 석탄, 천연가스를 태워야 하거든."

"석유와 석탄은 땅속에서 계속 꺼내 쓸 수 있잖아?"

재원이가 고개를 갸웃거리자 차분해 여사가 진지하게 설명했다.

"아니지. 우리가 쓰는 자원은 매장량이 한정돼 있어. 예를 들어, 석유는 50년 뒤면 끝이야."

"50년?"

세미가 깜짝 놀라며 외쳤다.

"그럼 우리가 할머니, 할아버지가 될 때쯤이면 석유가 없어진다는 거야?"

세미가 머리를 감싸 쥐었다.

"아마도. 천연가스도 마찬가지야."

"석탄은?"

"석탄은 좀 더 오래 쓸 수 있긴 해. 그래도 아주 오랫동안은 아니야."

"우와, 그러면 나중에는 전기랑 자동차랑 다 못 쓰는 거 아니야?"

이번에는 나잘나 박사가 설명을 보탰다.

"그래서 우리가 재생 에너지 같은 새로운 에너지원을 찾아야 하는 거야. 내가 '무한 전력 발전기'를 만들려고 했던 것도 그 때문이고."

"근데 아빠가 동작 버튼을 누르니까 전기가 다 나갔잖아?"

재원이가 한숨을 쉬며 말했다.

"그건, 살짝 오류가 있었던 것뿐이지. 아무튼…."

 **차분해 여사의 한마디**

오랜 시간 인류는 화석 연료를 사용해 발전해 왔단다. 가장 대표적인 연료가 석탄, 석유 그리고 천연가스란다. 하지만 이런 화석 연료는 무한하지 않지. 석유는 현재 전 세계에 약 1조 7,000억 배럴가량이 매장되어 있는데, 전 세계에서 하루에 소비되는 석유량이 약 1억 배럴이라고 해. 이 소비율로 계속 사용한다면 50년쯤 후에 석유는 바닥을 보일 거라고 예측하고 있지. 천연가스도 인류가 지금처럼 사용하면 석유와 비슷한 시기인 50~60년 후에는 바닥날 거야. 석탄 역시 100~150년쯤 후에는 고갈될 가능성이 높단다.

나잘나 박사는 헛기침을 하며 자세를 고쳐 앉았다.

"그러니까 지금부터 우리가 에너지를 아끼는 법을 배워야 한다는 거야."

그때 세미의 뱃속에서 '꼬르륵' 소리가 났다.

"근데, 엄마. 오늘 저녁은 어떻게 해?"

차분해 여사는 활짝 웃으며 서랍에서 촛불을 꺼냈다.

"촛불을 켜고 캠핑 때처럼 휴대용 가스버너로 요리하면 되지."

그렇게 가족의 깜깜한 저녁 식사가 시작되었다.

3 지구가 더워지고 있어

"아, 더워. 너무 덥다."

세미가 부채를 힘껏 흔들며 투덜거렸다. 찌는 더위 탓에 학원에서 집으로 돌아오는 길이 너무 멀게 느껴졌다.

"편의점에 갈까? 아이스크림이라도 먹으면 좀 시원해질 거야."

재원이가 반짝이는 눈으로 말했다.

"오, 좋은 생각인데?"

쌍둥이는 가까운 편의점으로 향했다. 편의점 문을 열자 시원한 공기가 훅 불어왔다.

"와, 여기가 천국이네."

세미가 감탄하며 냉동고에서 바닐라 아이스크림을 꺼냈다. 서둘러 계산하고는 밖으로 나왔다. 그런데 이게 웬일? 편의점에서 나오자마자 손에 들고 있는 아이스크림이 너무 쉽게 녹아내리기 시작하는 게 아닌가!
 "어? 이거 왜 이렇게 빨리 녹아?"
 재원이가 당황해서 아이스크림을 서둘러 먹기 시작했다. 세미도 크게 한입 베어 먹었다. 하지만 아이스크림이 녹는 속도가 더 빨랐다.
 "이렇게 먹다가는 다 녹아 없어지겠어."
 세미는 땡볕에 서서 아이스크림을 허겁지겁 먹었다. 옆에 있던 재원이도 녹아내리는 아이스크림이 아까워 서둘러 먹기 시작했다.

문제는 너무 덥다는 거였다. 차가운 아이스크림을 먹고 있지만 더운 한여름에 길거리에 서 있다 보니 땀이 비 오듯 쏟아졌다.

"앗! 내 손에 묻었어."

재원이가 손등에 흘러내린 아이스크림을 핥아먹었다.

"에이, 내 손에도 흘러내리네. 도망치는 아이스크림 잡아라."

세미도 여기저기 흘러내리는 아이스크림을 날름날름 핥았다. 허겁지겁 아이스크림을 다 먹었는데도 여전히 더웠다. 집에 도착했을 때는 너무 더워 말할 기운도 없었다.

"하아… 너무 힘들어…."

세미는 숨을 헐떡이며 현관에 털썩 주저앉았다. 재원이도 맥이 풀린 듯 힘없이 몸을 축 늘어뜨렸다. 그래도 집은 시원했다.

"시원해질까 해서 아이스크림까지 사 먹었는데, 더위는 하나도 물리치지 못한 거 같네. 곧장 집에 올걸 그랬나 봐."

나잘나 박사가 쌍둥이를 반겼다.

"잘 다녀왔어? 밖이 엄청 더운 모양이구나."

"아빠, 밖이 너무 더워서 아이스크림이 순식간에 녹아 버렸어."

나잘나 박사는 갑자기 흥미진진한 표정이 되어 말했다.

"음, 그게 바로 지구 온난화 때문이야."

"엥, 아이스크림이 빨리 녹는 게 지구 온난화 때문이라고?"

쌍둥이가 동시에 물었다. 나잘나 박사는 거실 한쪽에 세워 둔 이동식 칠판을 가져다 지구를 둥글게 그렸다. 그 위에 커다란 담요 모양을 덧그리고는 온실가스라고 적었다.

"지구는 태양 빛을 받아서 따뜻해져. 그래서 낮에는 기온이 오르고 밤에는 떨어지지. 그런데 온실가스가 하늘에 많이 쌓이면 열이 지구 밖으로 빠져나가지 못해서 점점 뜨거워지게 돼."

"온실가스? 그거 무슨 기체라고 했는데?"

재원이가 고개를 갸우뚱하며 말했다.

"이산화탄소 같은 기체야. 이산화탄소는 주로 화석 연료를 태울 때 많이 발생하지."

나잘나 박사는 다시 그림을 그렸다. 땅속에 기름방울 모양을 그리고, 그 옆에 나무와 동물을 그려 넣었다.

"화석 연료는 아주 오랜 옛날, 지구에 살던 동식물이 땅속 깊이 묻혀서 만들어졌어. 석유, 석탄, 천연가스가 바로 화석 연료야."

"오, 그래서 '화석'이 들어가는구나."

세미가 끄덕였다.

"그런데 왜 화석 연료를 태우면 이산화탄소가 나오는지 궁금하지 않아?"

쌍둥이가 동시에 고개를 끄덕였다.

"먼저 광합성을 이해해야 해. 광합성은 식물이 햇빛과 물 그리고 공기 속에 있는 이산화탄소를 이용해 스스로 양분을 만드는 과정이야. 쉽게 말해, 과일이나 열매 같은 음식을 만드는 거지. 이 과정에서 식물은 우리가 숨 쉬는 데 꼭 필요한 산소도 함께 만들어. 이렇게 말이야."

재원이가 손뼉을 쳤다.

"아! 땅속에 묻혀 있던 화석 연료를 태우면, 그 안에 있던 탄소가 공기 중의 산소와 결합해서 이산화탄소가 되는 거구나."

"정확해. 그게 바로 온실가스가 생겨나는 원리야."

"그럼 온실가스가 지구를 뜨겁게 만들면서 날씨도 이상해지는 거야?"

재원이가 물었다.

"그렇게 볼 수 있어. 예전보다 더운 여름, 잦은 태풍, 극심한 가뭄 같은 이상 기후가 많이 생기는 이유야."

나잘나 박사가 설명을 이어갔다.

"그리고 빙하가 녹으면서 바닷물 수위도 점점 높아지고 있다고 해."

"응, 예전에 다큐멘터리에서 본 적 있어."

세미가 안타까운 표정으로 말했다.

"바닷물이 마을까지 밀려와 사람들이 집을 잃고 있지. 태평양의 섬나라 투발루, 키리바시, 마셜 제도 등이 대표적이야."

나잘나 박사가 설명을 덧붙였다.

"또 어떤 곳은 비가 너무 많이 와서 홍수가 나고, 반대로 어떤 곳은 비가 오지 않아서 땅이 바싹 말라 버려."

"그러면 농사도 망치는 거 아니야?"

재원이가 걱정스러운 눈빛으로 물었다.

"맞아. 가뭄이나 홍수 때문에 그렇기도 하고, 너무 더워서 곡물이나 과일을 재배하지 못하는 곳도 점점 늘어나고 있어."

나잘나 박사가 안타까운 표정을 지었다.

"헉, 정말? 우리나라는 어때? 우리나라는 아직 안전하지?"

세미가 놀란 눈으로 물었다.

"그렇지 않아. 우리나라도 위험하단다. 예를 들어, 과일을 재배하는 지역이 점점 북쪽으로 이동하고 있어."

나잘나 박사가 계속 설명했다.

"예전에는 남쪽에서만 자라던 과일들이 이제는 중부 지방에서도 재배된단다. 반대로 너무 더워져서 농사가 어려워진 곳도 생겼어."

"그럼 점점 더 먹을 게 부족해지겠네?"

세미가 걱정스럽게 물었다.

"그럴 가능성이 높지. 인간뿐만 아니라 동식물도 살기 어려워졌어."

나잘나 박사가 창밖을 바라보며 덧붙였다.

"기온이 올라가면서 살 곳을 잃는 동물들이 늘어나고 있어. 북극곰은 빙하가 녹아서 사냥할 장소를 잃었지."

"맞아! 북극곰이 배가 고파서 마을까지 내려온다는 뉴스를 본 적 있어."

세미가 고개를 끄덕였다.

"그렇단다. 숲이 점점 사라지면서 동물들도 위기를 맞았어. 예를 들어, 아마존 같은 열대 우림이 점점 줄어들면서 재규어, 나무늘보 같은 동물이 살 곳을 잃었단다."

"그럼 바다에 사는 동물은?"

재원이도 궁금한 듯 물었다.

"바닷물 온도가 올라가면서 산호초가 하얗게 변해 죽어 가고 있어. 산호초는 바닷속 수많은 생물이 살아가는 터전인데, 이렇게 되면 물고기들도 점점 줄어들겠지. 또, 어떤 물고기들은 더위를 피해 더 깊은 바다나 북쪽으로 이동하고 있어. 그런데 그곳에는 원래 살던 생물들이 있겠지? 먹이 경쟁이 심해지면서 생태계가 혼란을 겪는단다."

"헉, 그러면 우리도 결국 영향을 받겠네?"

세미가 놀라서 물었다.

"그렇지. 우리가 먹는 많은 음식이 바다와 땅에서 나오니까."

놀란 쌍둥이는 입을 다물지 못했다. 온난화가 생각보다 훨씬 심각한 문제라는 사실을 깨달았다.

"아이스크림이 빨리 녹는 것도 온실가스 탓이었구나."

쌍둥이는 얼굴을 찌푸렸다.

"하하. 지구가 더워지면 우리가 사는 곳도 점점 더워지겠지? 그렇다면 냉장고에서 꺼낸 아이스크림이 더 빨리 녹는 건 당연한 일이야."

"우리가 화석 연료를 덜 쓰면 지구도 덜 더워져?"

"그렇게 볼 수 있어. 그래서 재생 에너지가 필요한 거야."

세미와 재원이는 서로를 바라보며 다짐했다.

"앞으로 화석 연료를 덜 쓰고, 전기도 아낄 방법을 찾아야겠어."

나잘나 박사가 흐뭇하게 웃으며 말했다.

"좋은 생각이야. 이제부터 우리가 직접 찾아볼까?"

4 에너지 탐험대 결성!

세미와 재원이는 더운 날씨에 나잘나 박사의 온실가스 강의까지 들으니 머리가 복잡했다.

"지구가 뜨거워지고 있다는 건 알았지만, 생각보다 심각하네."

세미가 한숨을 쉬었다.

"그냥 덥기만 한 게 아니라, 농사도 망치고 물고기도 사라지고 동물들도 위험해진다는 거잖아."

재원이가 팔짱을 끼고 고개를 저었다. 그런 쌍둥이를 보며, 나잘나 박사가 씩 웃으며 끼어들었다.

"그러니 우리가 해결 방법을 찾아야지. 이제는 화석 연료가 아닌 새로운 에너지가 필요해."

"새로운 에너지?"

쌍둥이의 눈이 반짝였다.

"응. 계속 사용할 수 있으면서 환경 문제를 일으키지 않는 그런 에너지, 한마디로 '착한 에너지'가 필요하단다. 그런 착한 에너지를 연구하다 찾아낸 게 바로 재생 에너지야."

"재생 에너지?"

재원이의 눈이 동그랗게 커졌다.

"태양, 바람, 물처럼 자연에서 계속해서 만들어지는 에너지를 말해. 태양 에너지, 풍력 에너지, 수력 에너지라고 부르지."

나잘나 박사가 창밖을 가리켰다. 햇살이 밝게 내리쬐고 바람이 나무를 흔들고 있었다.

"재생 에너지의 중심은 태양 에너지라고 할 수 있어."

"태양 에너지? 갑자기 태양이 왜?"

세미의 물음에 나잘나 박사가 대답했다.

"사실, 지구의 모든 에너지가 태양과 관련되어 있다고 해도 틀린 말이 아니야. 풍력 에너지도 태양 에너지와 밀접하게 연결되어 있지. 태양이 지구를 따뜻하게 만들잖아. 이때 대기의 온도 차이가 생기면서 바람이 불게 돼. 무슨 말인지 모르겠지? 쉽게 설명해 줄게. 햇볕이 땅을 데우면 땅 위의 공기는 따뜻해져서 대기 상층부로 올라가고, 대신 상층부에 있던 차가운 공기가 그 자리를 채우려고 내려오게 돼. 이렇게 대기 상층부와 하층부 공기가 서로 자리를 바꾸는 게 바로 바람이야. 그래서 바람의 힘을 이용하는 풍력 에너지도 결국 태양 덕분이라고 할 수 있어."

"와, 그런 원리가 숨어 있었어?"

"풍력만 그런 게 아니야. 수력 에너지도 태양 덕분이지. 태양은 바다, 호수, 강에 있는 물을 증발시켜 하늘로 높이 올려 보내. 이렇게 올라간 물이 응결해서 구름이 되고, 구름에서 떨어진 비가 땅으로 내려오지. 빗물이 모여 물줄기를 이루면, 흐르는 물줄기에서 수력 에너지를 얻는 거야. 그러니까 태양은 물의 순환에도 중요한 역할을 해. 결국 태양은 우리가 수력 에너지를 이용할 수 있게 도와주는 셈이지. 놀라운 건 이 에너지를 영원히 쓸 수 있다는 점이야."

"오! 그러면 아무리 써도 없어지지 않아?"

재원이가 물었다.

"바로 그거야. 석탄이나 석유 같은 화석 연료는 언젠가 바닥이 나지만, 태양과 바람은 영원히 사라지지 않는단다."

"그럼 당연히 재생 에너지로 바꿔야 하는 거 아닌가?"

재원이의 질문에 나잘나 박사는 차근차근 설명을 시작했다.

"재원이 말대로 지금 전 세계는 재생 에너지로 바꾸려고 노력하고 있단다. 재생 에너지는 여러 장점을 가지고 있어."

나잘나 박사는 숨을 크게 쉬더니 설명을 이어 갔다.

"첫 번째는 끝이 없는 에너지야. 화석 연료는 아무리 아껴 써도 언젠가는 고갈되겠지? 그러나 태양과 바람, 물은 없어지지 않기 때문에 계속 쓸 수 있어."

"음, 그러면 미래의 후손들도 걱정 없이 전기를 쓸 수 있겠네."

세미가 눈을 반짝였다.

"그렇지. 두 번째는 경제적인 에너지야. 태양과 바람, 물은 캐내거나 운반할 필요가 없거든. 물론 처음에 태양광 패널이나 풍력 발전기를 설치하는 데는 돈이 들지만, 시간이 지나면 연료비가 들지 않아서 더 경제적이지."

"와! 그럼 공짜 에너지네?"

재원이가 환호했다.

"거의 그렇단다. 세 번째는 깨끗한 에너지라는 점이야. 재생 에너지는 자연환경을 오염시키지 않아서 지구를 깨끗하게 지킬 수 있어. 이것도 화석 연료와 다른 점이지."

"그러면 하늘도 더 맑아지고, 바다도 더 깨끗해지겠네?"

세미도 신이 난 표정으로 물었다.

"그렇지. 정리하자면 재생 에너지는 화석 연료와 달리 고갈 걱정 없이 계속 쓸 수 있고 경제적으로 이득인 데다 환경에도 이롭다고 할 수 있어."

나잘나 박사의 말에 재원이가 감탄하며 말했다.

"아빠, 그럼 재생 에너지를 사용하면 돈도 아끼고, 깨끗한 에너지도 만들고, 지구도 지키는 거네. 이거 완전 대박인데? 재생 에너지가 좋긴 좋네. 친구들한테 알려 줘야지."

그때였다. 외출했던 차분해 여사가 돌아왔다.

"엄마!"

쌍둥이는 동시에 차분해 여사에게 안겼다. 차분해 여사는 기분 좋은 웃음을 가득 지으며 말했다.

"너희 기분이 굉장히 좋구나? 아빠랑 재미있는 거 하고 있었니?"

차분해 여사의 말에 세미가 먼저 대답했다.

"엄마, 세상에는 깨끗한 에너지가 정말 많대. 태양, 바람, 물. 이런 자연이 에너지를 뿜뿜 한다는 거야."

"아하, 재생 에너지를 말하는 거야?"

차분해 여사는 신발을 벗고 들어와서는 소파에 앉았다. 나잘나 박사는 차분해 여사를 보며 싱긋 웃고는 다시 아이들을 보고 말했다.

"자, 오늘부터 우리 가족은 에너지 탐험대다."

나잘나 박사가 주먹을 쥔 채 한 팔을 번쩍 들었다.

"에너지 탐험대?"

쌍둥이가 동시에 물었다.

"재생 에너지를 실제로 찾아보고, 에너지 절약을 직접 실천해 보는 거야. 어때?"

그 말에 세미와 재원이가 서로를 바라보며 소리쳤다.

"우와, 재밌겠다."

"아빠, 탐험 대원이면 탐험 도구가 있어야 하지 않을까?"

재원이가 장난기 가득한 얼굴로 말했다. 그러자 나잘나 박사가 빙그레 웃으며 말했다.

"당연하지. 멋진 탐험대 대원에겐 멋진 탐험 도구가 필수! 그럴 줄 알고 아빠가 미리 준비해 둔 게 있어."

세미와 재원이가 두근두근 설레는 마음으로 나잘나 박사를 바라보았다.

나잘나 박사가 기다렸다는 듯이 커다란 상자를 열어서 번쩍이는 옷 네 벌을 꺼냈다. 옷 표면에는 반짝이는 태양광 패널이 붙어 있었다.

"짜잔! 신개념 태양광 옷, '솔라 웨어'야."

세미와 재원이는 나잘나 박사가 상자에서 꺼낸 '솔라 웨어'를 신기한 눈으로 바라보았다.

"자, 이제 한번 입어 볼래?"

나잘나 박사가 웃으며 옷을 건넸다.

세미는 조금 망설였지만 결국 옷을 입어 보기로 했다. 옷을 입고 나서 거울을 보니 패널이 부착된 부분이 햇빛을 반사하면서 반짝거렸다.

"우와! 아빠, 꼭 아이언맨 같아."

재원이가 눈을 반짝이며 소리쳤다.

하지만 세미는 팔을 꼼지락거리며 얼굴을 찌푸렸다.

"근데…, 살짝 불편한 것 같은데? 약간 무겁기도 하고. 이거 무슨 갑옷 같아."

나잘나 박사는 빙그레 웃으며 또 다른 상자를 열었다.

"그럴 줄 알고 간단한 것도 만들어 봤지."

이번에는 태양광 패널이 달린 가방과 모자였다.

"이게 바로 일명 '솔라 팩'. 어때? 덜 불편하겠지?"

나잘나 박사가 가방을 들어 보이며 설명했다.

"각종 탐험 도구를 담을 수 있는 다용도 가방이야. 이 널찍한 부분에 태양광 패널이 달려 있어서 햇빛을 받으면 바로 전기를 만들 수 있어. 이렇게 만든 전기로 핸드폰도 충전할 수 있고."

재원이가 얼른 가방을 메 보았다.

"오! 가볍고 멋진데?"

세미도 모자를 써 보며 만족스럽게 웃었다.

"이건 괜찮네. 그런데 탐험 도구는 뭐가 들어 있어?"

칭찬에 기분 좋아진 나잘나 박사는 신나게 가방 안에 들어 있는 물건들을 하나씩 꺼냈다.

"나침반, 지도 그리고 손전등 발전기. 이 손전등으로 말할 것 같으면 손잡이를 돌려서 전기를 만들 수 있어. 건전지가 없어도 스스로 빛을 낼 수 있단다."

재원이가 여러 번 손잡이를 돌리자 불빛이 환하게 켜졌다.

"우와! 이거 신기하다."

"그렇지? 이제부터 우리 가족은 '에너지 탐험대'야. 에너지 문제를 해결할 방법을 직접 찾아볼 거야."

나잘나 박사의 말에 세미와 재원이가 서로를 바라보며 신나서 외쳤다.

"에너지 탐험대, 출동!"

5 신나는 재생 에너지 체험

　가족들은 '에너지 탐험대'의 첫 활동으로 에너지 체험관을 방문해 재생 에너지에 대해 좀 더 잘 알아보기로 했다. 쌍둥이의 표정은 한껏 들떠 있었다.

　차분해 여사가 앞장서며 말했다.

　"우리가 오늘 경험해 볼 에너지는 태양광, 풍력, 수력, 지열, 바이오매스 등 다양한 재생 에너지야. 오늘은 그중에서도 태양광과 풍력, 수력을 주로 체험해 볼 거야."

　"본격적인 탐험에 앞서 기본 탐험 도구를 나눠 줄게."

　나잘나 박사가 여러 권의 노트를 꺼냈다.

　"이건 스탬프 투어 여권이야. 방문하는 곳마다 스탬프를 찍으면 돼. 이건 탐험 노트야. 각자 탐험한 내용을 그때그때 적으면 돼."

　"아빠! 여권은 괜찮은데, 탐험 노트는 뭐야? 또 공부하라고?"

재원이가 불만 섞인 투정을 부렸다.
"어허, 공부라니? 이건 어디까지나 탐험 활동의 일환이라고. 탐험 활동을 마친 후에 잘한 사람에게는 용돈 20% 인상!"
"와, 정말? 1등은 내 거야."
재원이가 자신만만하게 말했다.
"아니, 내가 1등이거든."
세미도 자신 있게 말했다.

태양 에너지 체험관

"자, 첫 번째 체험관부터 구경할까? 스탬프 먼저 찍자."

세미와 재원이가 부리나케 스탬프를 찍었다.

체험관 안에 들어서자 먼저 눈에 띈 건 태양광 패널이 붙어 있는 손바닥 크기의 자동차였다. 나잘나 박사가 아이들에게 설명했다.

"여기 태양광 패널에 빛을 비추면 자동차가 움직여. 태양광 패널이 빛을 받아 전기를 만들거든."

세미와 재원이는 장난감 자동차에 달린 태양광 패널에 손전등을 가까이 대 보았다. 신기하게도 자동차가 앞으로 움직였다. 쌍둥이는 동시에 눈이 휘둥그레졌다.

"우와! 정말 움직였어."

세미가 감탄했다.

"집에서도 전기를 만들 수 있어. 태양광 패널을 지붕에 설치하면 돼."

"전기 요금도 줄어들겠네?"

재원이가 호기심 어린 눈빛으로 물었다.

"패널을 많이 설치할수록 전기 요금이 줄어들지. 태양 에너지는 햇빛만 있으면 계속해서 생산할 수 있는 '무한 에너지'야. 공해도 없고 연료비도 들지 않으니까 환경에도 좋고, 경제적으로도 이득이지."

"우리 집에도 설치하면 좋겠다."

차분해 여사의 한마디

빛이 어떻게 전기가 될까? 태양광 패널에는 '태양 전지'가 들어 있어. 태양 전지가 빛을 받으면 전기를 만들어 내지. 태양 전지 안에는 전자라는 것이 있는데, 이 전자가 움직여야 전기가 생기지. 그런데 전자는 보통 움직이지 않고 가만히 있어. 이때 빛이 중요해. 빛을 아주 작게 쪼개면 작은 입자가 되는데, 이걸 광자라고 불러. 광자가 전자에 톡 하고 부딪히면 전자가 움직이기 시작한단다. 이걸 '광전 효과'라고 해.

"그래, 우리 집도 얼른 설치하자. 태양광 에너지는 집뿐만 아니라 학교, 공장, 심지어 인공위성에도 사용된단다."

"인공위성에도? 대단한걸."

풍력 에너지 체험관

다음으로 풍력 에너지 체험관으로 발걸음을 옮겼다.

"스탬프 찍는 거 잊지 말고."

차분해 여사 말에 세미와 재원이가 재빨리 스탬프가 놓인 책상으로 향했다.

"내가 1등! 먼저 찍겠어."

재원이는 스탬프를 재빨리 낚아채 '꾹' 찍고는, 작은 풍력 터빈이 놓인 체험 기계 앞에서 부채를 움켜쥐고 기다렸다.

"바람을 불게 해 볼까?"

나잘나 박사가 아이들에게 풍력 터빈을 향해 부채질을 해 보라고 했다.

"우와, 정말 돌아가네."

재원이가 부채질을 시작하자 풍력 터빈의 날개가 천천히 돌기 시작했다.

"그렇지. 이건 바람의 힘을 이용해서 전기를 만드는 거야. 풍력 터빈은 커다란 바람개비처럼 생겼지? 바람이 터빈의 날개를 밀면 날개가 돌아가면서 내부의 발전기가 작동해 전기를 만든단다."

터빈이 회전하면서 발전기 안에 들어 있는 전자석 원통을 돌리는 거란다.

나잘나 박사의 한마디

전기를 만들기 위해서는 터빈과 전자석의 회전이 필요해. 터빈은 회전하는 날개와 축으로 이루어져 있어. 수력, 풍력, 화력, 원자력 같은 다양한 에너지원이 터빈을 돌리는 역할을 해. 터빈이 돌면 그와 연결된 발전기 속 전자석 원통도 함께 회전하지. 이 회전 덕분에 발전기 안에서 전류가 발생하는 거야.

세미가 머리를 움켜쥐었다.

"너무 어렵게 생각하지 말고 바람만 있으면 언제든 전기를 만들 수 있다고 간단히 이해하면 돼. 바람이 많이 부는 지역, 특히 바람이 강하게 부는 바다 같은 곳에 풍력 터빈을 세우면 전기를 생산할 수 있어."

나잘나 박사가 세미의 머리를 쓰다듬으며 VR 안경을 꺼냈다.

"좋아, 이번에는 특별한 여행을 떠날 거야. 이건 VR 기기라는 건데, VR은 가상 현실(Virtual Reality)을 의미해. 이걸 쓰면 마치 실제로 그곳에 있는 것처럼 체험할 수 있어. 눈앞에 펼쳐지는 풍경은 물론이고, 소리와 움직임까지 생생하게 느낄 수 있지."

"정말?"

세미와 재원이는 VR 안경을 쓰고 호기심 가득한 표정으로 화면을 바라보았다.

"그렇다니까. 이걸 쓰면 우리가 서 있는 곳이 곧바로 광활한 사막이 되고, 거대한 바다 한가운데로 변하고, 세찬 바람이 휘몰아치는 산꼭대기로 바뀌지. 시간과 공간의 제약 없이 세계 여행을 한다고 보면 돼."

쌍둥이 눈앞에 바다 위 거대한 풍력 터빈들이 나타났다.

"우와, 저렇게 큰 터빈이 바다 위에 떠 있다니."

"해상 풍력 발전이라고 해. 바다는 육지보다 바람이 강하고 일정하기 때문에 더 많은 전기를 만들 수 있어. 덴마크, 영국 같은 나라들에서는 해상 풍력 발전을 적극적으로 활용하고 있지."

"바람이 불지 않으면 전기를 못 만드는 거야?"

세미가 궁금해하며 물었다.

"좋은 질문이야. 그래서 풍력 발전소에서는 배터리를 이용해 전력을 저장하거나 태양광 같은 다른 재생 에너지와 함께 사용하는 경우가 많아. 바람이 약한 날에도 안정적으로 전기를 공급할 수 있도록 말이야."

수력 에너지 체험관

쌍둥이 가족은 다음으로 수력 에너지 체험관으로 향했다.

"이번에는 내가 먼저! 1등은 나라고."

재원이가 스탬프를 잡으려는 순간, 세미가 재빨리 가로챘다.

"아, 아깝다."

재원이가 아쉬워했다.

"괜찮아. 어차피 스탬프는 다 찍을 수 있을 텐데 뭘. 탐험 활동과 탐험 일지 작성이 더 중요하지."

나잘나 박사가 재원이의 머리를 쓰다듬었다. 하지만 재원이는 그래도 왠지 1등을 하지 못한 게 속상했다.

스탬프를 찍은 쌍둥이가 체험관 한쪽에 놓인 작은 물레방아 모형 앞에 서자 나잘나 박사가 설명을 시작했다.

"자, 이번엔 물의 힘을 이용해 전기를 만드는 수력 에너지에 대해 알아볼 거야. 물의 힘으로 돌아가는 이 작은 물레방아는 물로 전기 에너지를 어떻게 만드는지 보여 주는 장치야."

세미는 손을 살짝 물에 담그며 물레방아를 움직여 보았다. 떨어지는 물이 물레방아 날개에 닿으면서 물레방아가 계속 돌았다.

"물로도 전기를 만들 수 있다고?"

"물은 아주 강력한 힘을 갖고 있어. 특히 높은 곳에서 낮은 곳으로 흐르는 물의 에너지를 잘 활용하면 많은 양의 전기를 얻을 수 있어."

나잘나 박사는 물레방아의 원리를 더 자세히 설명했다.

"수력 발전은 물을 모아 두었다가 그 물을 터빈 쪽으로 흘려보내서 전기를 생산해. 물을 떨어뜨리거나 흘려보내서 터빈을 돌리고, 터빈이 회전하면서 전기가 만들어지지. 이런 방식으로 대규모 전력 생산이 가능해."

재원이가 고개를 갸웃하며 물었다.

"흐르던 물이 멈추면 어떻게 돼? 그때는 전기를 못 만들겠네?"

"그렇지. 물이 멈추는 일은 거의 없지만, 물의 양이 달라지기는 하지. 예를 들어, 장마철이나 눈이 많이 내린 후에는 물의 양이 크게 늘어나서 전기를 더 많이 생산할 수 있어. 반대로 가뭄이나 물이 부족한 경우에는 발전량이 줄어들 수 있지. 하지만 대부분의 수력 발전소는 그런 상황에 대비해 여러 가지 방법을 마련해 두고 있단다. 우리가 알고 있는 댐이 바로 그런 역할을 해. 댐에 물을 가득 모아 두었다가 필요할 때만 흘려보내 전기를 만드는 거야."

"왜 많은 나라가 수력 발전을 활용하는 거야?"

강에 댐을 세워 흐르는 물을 가둔 후에 수문으로 물의 흐름을 조절해. 높은 곳에 있는 물은 위치 에너지를 갖고 있어. 물을 방류해 위치 에너지를 운동 에너지로 바꾸고, 터빈을 이용해 운동 에너지를 전기 에너지로 바꾸지.

나잘나 박사의 한마디

수력 발전에 단점이 없는 건 아니야. 발전소 운영 비용이 적게 든다는 건 장점이지만, 댐 건설 비용이 많이 든다는 점은 단점이지. 또한, 댐을 지으면 강물이 막혀서 수중 생태계에도 나쁜 영향을 미쳐.

"물이 계속 흐르는 곳에서는 수력 에너지를 손쉽게 얻을 수 있거든. 또한, 안정적이고 큰 규모로 전기를 생산할 수 있지. 그래서 전 세계 많은 나라에서 사용하고 있단다."

계속해서 다양한 재생 에너지 체험이 이어졌다. 세미와 재원이는 지열 에너지, 바이오매스 에너지 등에 대해서도 배웠다. 세미는 새로 배운 내용을 탐험 노트에 열심히 적었다.

"재생 에너지는 지구를 지키면서 우리에게 필요한 전기를 만들어 줄 수 있어."

그런 아이들을 보며 차분해 여사가 설명을 이어갔다.

"환경도 보호하면서 전기를 만들 수 있다는 거지?"

세미가 물었다.

"맞아. 그래서 재생 에너지가 중요한 거야."

체험을 마친 쌍둥이 가족은 에너지 체험관을 나오며 뿌듯한 미소를 지었다.

그때 나잘나 박사가 갑자기 손가락을 튕기며 말했다.

"좋았어. 이제 나의 발명품을 시험해 볼 시간이다."

아이들은 동시에 긴장된 눈빛을 주고받았다. 또 다른 발명품이라니, 지난번 태양광 모자로 인해 머리카락이 타 버릴 뻔했던 기억이 떠올랐다.

"이건 바이오매스 에너지를 활용한 '음식물 쓰레기 로켓'이야."

나잘나 박사는 흥분한 듯 어깨를 들썩이며 어디선가 수레를 끌고 왔다. 그 안에는 커다란 통이 있었고, 옆에는 버튼이 달려 있었다.

"그건 또 뭔데?"

"이 장치로 말할 것 같으면, 음식물 쓰레기에서 나오는 가스를 모아 압축한 후에 그 힘으로 로켓을 쏘아 올리는 기계야. 자, 여기에 아까 먹다 남긴 도시락 쓰레기랑 바나나 껍질을 넣고 버튼을 누르면…."

"아빠, 잠깐만!"

세미가 급하게 말렸지만 이미 늦었다. 나잘나 박사가 버튼을 누르자 갑자기 통 안에서 부글거리는 소리가 나더니 이내 '퍽' 하는 소리와 함께 작은 로켓이 공중으로 솟구쳤다.

"와아, 진짜 날아간다."

재원이가 감탄하며 소리쳤다.

하지만 감탄도 잠시. 로켓은 허공에서 잠깐 멈추더니 이내 빙글빙글 돌며 아래로 곤두박질쳤다.

'철푸덕!'

곧장 나잘나 박사의 머리 위로 떨어졌다.

"윽! 음식물 쓰레기 냄새."

나잘나 박사는 어깨에 떨어진 바나나 껍질을 떼어 내며 씁쓸하게 웃었다. 아이들은 배를 잡고 웃다가 이내 걱정스러운 표정으로 물었다.

"아빠, 괜찮아?"

나잘나 박사가 머리를 긁적이며 말했다.

"흠, 아직 개선할 점이 많군. 하지만 가능성은 충분해. 그래도 바이오매스 에너지를 활용한 친환경 로켓, 대단하지 않니?"

차분해 여사가 웃으며 대꾸했다.

"대단하긴 한데…. 여보, 다음번에는 발사 실험을 좀 더 넓은 곳에서 하는 게 좋겠어요."

나잘나 박사는 싱긋 웃으면서 아이들을 보며 말했다.

"오늘 배웠듯이 재생 에너지는 지구 환경을 지키는 에너지야. 우리도 집에서 실천해 보자."

차분해 여사가 미소를 지으며 덧붙였다.

"우선 태양광 패널부터 설치해 보는 게 어떨까?"

"좋아. 엄마, 당장 설치하자!"

아이들이 함께 외치며 신나게 웃었다.

6 친환경 에너지 발명 대회

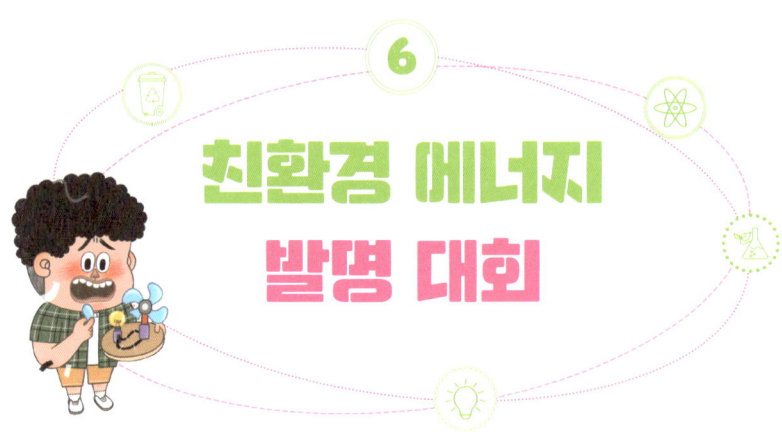

"다다음 주 수요일, 친환경 에너지 발명 대회가 열리는 거 다 알지요? 다음 주 금요일까지 대회에 출품할 에너지 발명품을 하나씩 준비해서 발표하도록 하세요."

이어진 담임 선생님의 말에 아이들의 눈이 동그래졌다.

"각자 또는 여럿이 팀을 이뤄 작업하면 돼요. 출품한 발명품이 1등을 하면 선물과 함께 학교 텃밭에 이름을 붙일 특전을 줄 거예요."

"진짜요? 그럼 '세미정원'이라고 해도 되죠?"

세미가 벌떡 일어나 말했다.

"난 '재원이농장'이야."

뒤에 앉아 있던 재원이도 크게 소리쳤다.

"우승자가 짓고 싶은 이름은 무엇이든 다 되지요."

"그럼 난 '민준 유니버스'를 줄여서 '민버스'로 할래."

맨 뒷자리에 앉아 있던 민준이가 소리쳤다.

"텃밭에 농장이나 정원도 아니고 유니버스? 그것도 민버스? 버스 타고 어디 가려고?"

재원이의 말에 아이들이 키득거렸다. 민준이의 얼굴이 순식간에 빨개졌다.

"자, 조용! 한 번 더 설명할게요. 개인으로 참여해도 되지만, 여러 사람이 팀을 이뤄 참여해도 상관없어요."

'세미정원이라니 너무 멋진 이름인데.'

세미는 그런 생각을 하며 재원이에게 제안했다.

"우리, 팀 같이할래?"

재원이는 씩 웃으며 말했다.

"미안. 난 혼자 해도 1등이 가능하거든."

그 말에 세미가 눈썹을 치켜올렸다.

"흥, 나도 혼자 할 수 있거든."

그렇게 두 사람은 각자 발명에 나섰다. 재원이는 고장 난 탁상용 작은 선풍기와 모터로 풍력 발전기 조명을 만들었고, 세미는 태양광 패널이 달린 미니 자동차를 제작했다.

마침내 금요일이 되었다. 교실은 실험실처럼, 아니 난장판으로 변해 있었다. 바닥에 널브러진 전선은 뱀처럼 얽혀 있었고, 테이프가 몇몇 아이들의 얼굴과 책상에 덕지덕지 붙어 있었다.

재원이는 지난밤 밤새 만든 풍력 발전기를 자랑스럽게 들고 있었다.

"너 그거…, 불 켜지는 거 맞아?"

세미가 재원이의 발명품을 힐끗 쳐다보며 물었다.

"너는 태양광이라서 낮에만 작동하지? 난 바람만 불면 언제든 켜진다고!"

재원이가 의기양양하게 말했다.

"야, 재원아! 그거 정말로 돌아가냐?"

반에서 잘난 척을 잘하는 민준이가 비웃듯 말했다.

"당연하지. 바람만 불면 전구도 켜져."

재원이는 자신 있게 말했지만, 속으로는 살짝 불안했다.

'분명히 아침에 테스트할 때까지는 멀쩡했는데…. 왜 이렇게 날개가 흔들리는 느낌이지?'

자기 차례가 되자 재원이가 모형을 들고 앞으로 나갔다.

"이건 바람의 힘으로 전기를 만드는 풍력 터빈이에요. 여기 이 부분이 바람을 받으면…."

재원이가 날개 부분을 잡고 힘차게 돌리자 '삐걱삐걱' 소리를 내며 돌다가 이내 날개 하나가 부러져 떨어졌다.

'탁!'

"헉, 날개 분리! 분리됐다 합체되는 건가? 고작 그런 걸로 대회에 출품하려는 거야?"

민준이가 코웃음을 쳤다. 재원이는 얼굴이 벌겋게 달아올랐다.

'어, 이게 어떻게 된 거지? 분명히 아침까지 멀쩡했는데, 갑자기 왜 부러진 거야?'

재원이가 당황한 표정으로 모형을 바라보았다.

세미가 모형 조각을 주워 들고 살펴보더니 눈살을 찌푸리며 말했다.

"좀 이상한데. 저절로 부러졌다고 하기엔 너무 반듯하게 금이 갔어. 마치 누가 일부러 부러뜨리기라도 한 것처럼 말이야."

세미의 말에 선생님도 놀라셨다.

"설마 누가 일부러 이런 짓을 했다고?"

세미는 가방에서 수첩을 꺼내더니 주위를 둘러보며 진지하게 말했다.

"범인은 흔적을 남기는 법이지. 단서를 찾으면 범인을 잡을 수 있을 거야. 내가 찾아보겠어."

세미가 탐정이라도 된 듯이 말했다. 세미는 우선 재원이 가방 주변의 흔적을 살폈다. 그러더니 재원이의 가방 옆에서 반짝이는 로봇 스티커를 발견했다. 스티커를 집어 올리더니 아이들을 향해 물었다.

"이 로봇 스티커 어디에서 본 사람?"

아이들이 웅성거리기 시작했다.

"저 반짝이는 스티커…, 어디서 많이 봤는데…."

"그거 민준이 장난감에 붙어 있던 거 아니야?"

누군가 민준이 스티커라고 말했다.

"이민준! 이거 네 거 맞아?"

세미가 민준이를 쏘아봤다.

"왜 나를 의심하는 눈빛으로 보는 건데? 나한테 비슷한 스티커가 있긴 한데, 그거 다른 애들도 많이 가지고 있어."

민준이가 손사래를 치며 부인하자 세미는 다른 질문을 던졌다.

"알았어. 그럼 목격자를 찾아볼까? 혹시 민준이가 재원이 발명품에 손대는 거 본 사람 있어?"

세미가 아이들을 둘러보며 다시 한번 목소리를 높였다.

"손대는 거 본 사람 없어?"

"아까 체육 시간에 민준이가 재원이 책상 아래서 몸을 숙인 채 뭘 하고 있는 거 봤어."

뒤쪽 줄에 앉아 있던 지민이가 말했다.

"민준이가 재원이 발명품에 손을 댔어?"

세미가 지민이를 뚫어져라 쳐다보며 물었다.

"아니, 발명품에 손대는 건 못 봤어. 난 민준이가 재원이 책상 아래쪽에서 꼼지락거리는 모습만 봤지. 뭘 했는지는 못 봤어."

"내가 뭘 했다고? 난 그저 운동화 끈이 풀려서 끈을 묶고 있었다고. 그게 다야."

민준이가 억울해하며 변명했다.

"그래? 그런데 이민준. 너 오늘 신은 운동화는 끈이 없는데?"

세미의 말에 아이들 눈이 모두 민준이 운동화로 쏠렸다. 민준이 운동화에는 찍찍이가 붙어 있었다.

모두의 시선이 쏠리자 민준이는 얼굴이 빨개진 채 자기가 한 일이라고 털어놓았다.
 "그, 그냥 장난이었어. 재원이가 자꾸 잘난 척해서…."
 선생님은 아이들에게 자습을 시키고는 민준이를 데리고 교무실로 가셨다.
 그사이 발명품이 망가져서 의기소침했던 재원이가 다급하게 테이프를 집어 들며 세미에게 말했다.
 "이렇게 포기하는 건 나재원이 아니지. 세미야, 부러진 날개 조각 좀 잡아 줄래?"

세미가 부러진 부분을 잡아 주자 재원이는 테이프로 날개를 고정했다. 약간 불안정하긴 했지만, 어쨌든 날개가 붙었다.
"이제, 작동하는지 확인해 보자."
재원이는 터빈을 들고 창가로 달려갔다. 바깥바람이 세게 불어오는 곳에 모형을 두었다.
'우우웅, 덜컹!'
흔들리던 날개가 겨우 돌아가기 시작했고, 연결된 작은 LED 전구가 희미하게 반짝이며 빛을 냈다.
"돌아간다."
"와, 진짜 전기가 생겼네."
반 친구들이 환호하며, 박수를 쳤다.
재원이가 세미 귀에 대고 속삭였다.
"고마워. 누나 진짜 탐정 같았어. 앞으로는 '세미 홈스'라고 불러 줄게."
"히히. 세미 홈스?"
세미가 눈을 반짝이며 이어서 말했다.
"다음엔 아빠한테 부탁해서 경보 시스템을 만들어야겠어. 누가 우리 물건에 손대면 '삐비빅' 하고 자동으로 경보음이 울리도록 말이야."

7
먹다 버린 음식도 전기가 된다고?

깔끔하게 문제를 해결하고 기분 좋아진 세미와 재원이는 맛있게 점심을 먹었다.

"에구, 배불러."

재원이가 배를 두드리며 식판을 들고 퇴식구로 향했다. 세미가 그 뒤를 천천히 따라갔다.

"오늘따라 급식이 정말 맛있네. 역시 떡갈비는 언제나 최고!"

음식물 쓰레기통을 지나치던 세미가 갑자기 걸음을 멈췄다.

"으악! 이게 다 버려진 거야?"

쓰레기통 안에는 밥, 김치, 반쯤 먹은 떡갈비, 심지어 통째로 버린 계란찜까지 뒤엉켜 있었다. 재원이는 코를 막으며 고개를 절레절레 흔들었다.

"으으, 이건 진짜 환경 재앙이다!"

잠깐 고민하던 세미가 좋은 아이디어가 떠올랐다며 소리쳤다.
"이 문제를 해결할 수 있는 좋은 발명품이 떠올랐어."
재원이가 눈을 동그랗게 뜨며 물었다.
"무슨 발명품?"
세미가 활짝 웃으며 말했다.
"아빠가 만든 바이오매스 에너지를 이용한 음식물 쓰레기 로켓 말이야."
세미의 말에 재원이는 잠시 고민하다 입을 뗐다.
"설마, 학교에서 로켓을 쏘자고?"
"아니, 그건 아니고. 아빠한테 말해서 로켓이 아니라 전기를 만드는 발전기로 바꾸는 거야. 어때?"
그날 저녁, 나잘나 박사와 쌍둥이는 거실에 모여 앉아 진지한 논의를 시작했다. 세미가 먼저 말을 꺼냈다.
"아빠! 음식물 쓰레기로 전기를 만들 수 있다고 했잖아. 그거 학교에서 해 볼 수 있을까?"
나잘나 박사는 갑작스러운 세미의 말에 눈을 깜빡였다.
"학교 전력을 자급자족 시스템으로 만들 셈이야?"
"자급자족까진 아니고. 할 수 있겠어?"
재원이도 눈을 반짝였다.
"가능하긴 하지. 버려진 음식에서 나오는 가스를 모아서 불에 태우면 전기를 만들 수 있거든."
세미는 고개를 끄덕이며 외쳤다.

바이오 에너지 종류

* 바이오 가스 *

 **나잘나 박사의 한마디**

바이오매스 에너지는 여러 방법으로 얻을 수 있어. 대표적인 방법은 가축 분뇨나 음식물 쓰레기를 이용하는 방법이야. 가축 분뇨나 음식물 쓰레기 등을 커다란 용기에 넣고 산소 없이 발효시키면 메탄가스가 발생해. 이 가스를 모아서 태우면 에너지를 생산할 수 있어. 다음으로 식물에서 기름을 뽑아 쓰는 바이오 에탄올, 폐식용유 등을 연료로 활용하는 바이오 디젤 등이 있지.

"아빠, 우리 학교에서 먹다 남긴 음식물 쓰레기가 너무 많이 나와. 지구를 위해서 뭐라도 해야겠어."

"그래? 그럼 좋아. 아빠가 음식물 쓰레기로 전기를 만드는 방법을 설명해 줄게."

나잘나 박사는 그림을 그려 가며 설명을 시작했다.

"자, 여기 빈 통에 음식물 쓰레기를 넣고 이 '미생물 주스'를 넣으면, 이 녀석들이 음식을 먹고 투명한 가스를 만들어 낼 거야. 가스가 생기는지 확인하기 위해 이렇게 풍선을 달아놓을 거고. 가스가 생기면 풍선이 빵빵하게 부풀어 오르겠지?"

세미가 손뼉을 치며 소리를 질렀다.

"아하, 그럼 이 풍선에 모인 가스를 따로 모아서 불을 붙이면?"

"빙고! 당연히 불이 붙겠지. 그렇게 불을 때서 물을 끓인 다음에 터빈을 돌리면 전기를 만들 수 있어."

며칠 뒤, 쌍둥이는 급식실 뒤에서 비밀 실험을 시작했다.

"이제 슬슬 준비해 볼까?"

세미의 말이 끝나기 무섭게 재원이가 재빨리 움직였다. 먼저 남은 밥과 반찬 등을 잘게 으깨고, 다음으로 나잘나 박사가 준 '미생물 주스'를 부었다. 마지막으로 가스가 차오르는지 확인할 수 있는 풍선을 달았다.

"됐어. 이제 기다리만 하면 돼. 미생물이 가스를 만들 거야."

세미는 뿌듯한 마음으로 손을 털었다.

하지만 다음 날 오후, 일이 터지고 말았다. 실험통 주변으로 고약한 냄새가 퍼지기 시작하며 한바탕 난리가 났다.

"도대체 왜 이렇게 고약한 냄새가 나는 거야!"

주변을 지나던 아이들이 코를 막고 도망갔다. 세미가 나잘나 박사에게 급하게 톡을 보냈다.

"아빠! 학교에서 냄새난다고 난리야. 뭐 잘못된 거 아니야?"

"저런, 내가 깜빡하고 주의 사항을 설명 안 해 줬네. 미생물이 만드는 가스는 지독한 냄새가 나. 뱃속에서 만들어지는 방귀랑 비슷하다고 생각하면 돼. 실험을 옥상에서 해야 해."

"그렇게 중요한 얘기는 진작 했어야지!"

조리사 선생님이 코를 막은 채 말했다.

"얘들아, 이건 좀…. 하필 급식실 근처에서 이런 실험을 하면 어떡하니?"

"정말 죄송해요."

세미와 재원이는 얼굴을 붉히며 통을 옥상으로 급히 옮겼다.

다시 며칠이 지났다. 드디어 작은 변화가 일어났다. 통에 연결한 풍선이 서서히 부풀어 오르기 시작했다.

"헉! 가스다. 진짜 나왔어."

재원이의 눈이 휘둥그레졌다. 세미가 조심히 풍선을 떼어 내고, 나잘나 박사가 만든 초미니 발전기에 연결했다. 그리고 숨죽인 채 숫자를 셌다.

"3, 2, 1."

'번쩍!'

작은 LED 전구가 노란빛으로 반짝였다.

"와, 진짜 됐다."

두 사람은 펄쩍펄쩍 뛰며 소리쳤다. 결과가 궁금하다며 함께 옥상으로 올라왔던 담임 선생님도 크게 박수를 쳤다.

"이거 정말 대단한 발명품이구나. 쓰레기도 줄이고 에너지도 만든다니 일석이조네. 얘들아, 이 발명품 이름이 뭐야?"

세미와 재원이는 눈빛을 교환한 후 동시에 외쳤다.

"방귀 발전기요. 음식물에서 나온 가스로 전기를 만든다는 뜻이에요."

지난밤에 둘이 같이 생각해 둔 이름이었다.

"초미니 발전기는 아빠가 만드셨지만, 나머지는 저희가 전부 직접 작업했어요. 앞으로는 먹다 남은 음식을 '방귀 발전기'에 넣어서 전기를 만들 수 있을 거예요."

세미가 당당하게 말했다.

세미와 재원이는 이 발명품을 대회에 제출하기로 했다. 그리고 며칠 후, 학교 게시판에 공지문이 붙었다.

친환경 발명품 특별상

수상자: 나세미, 나재원

작품명: 방귀 발전기
(음식물 쓰레기를 활용한 바이오매스 미니 발전기)

특전: 소정의 상품과 학교 텃밭 이름 짓기

재원이가 기쁨에 환호했다.

"우리가 진짜 특별상을 받은 거야?"

세미가 씩 웃으며 답했다.

"다 내 덕분이야. 내가 아이디어를 냈잖아."

"인정! 정원 이름은 누나가 지어. 양보할게."

"정말? 그럼 '세미정원'으로 하겠어."

"누나 하고 싶은 대로 해."

"아니다. 같이 힘을 합쳐서 상을 받은 거니까 공동의 이름으로 짓는 게 좋겠어."

"진짜? 사실 생각해 둔 이름이 있긴 했지."

"뭔데?"

"방귀농장 어때?"

"방귀농장? 음… 방귀 발전기로 상을 받았으니까 그것도 나쁘지 않겠네. 좋아, 방귀농장으로 하자."

"나도 대찬성!"

그날 이후, 학교 텃밭엔 작은 팻말이 세워졌다.

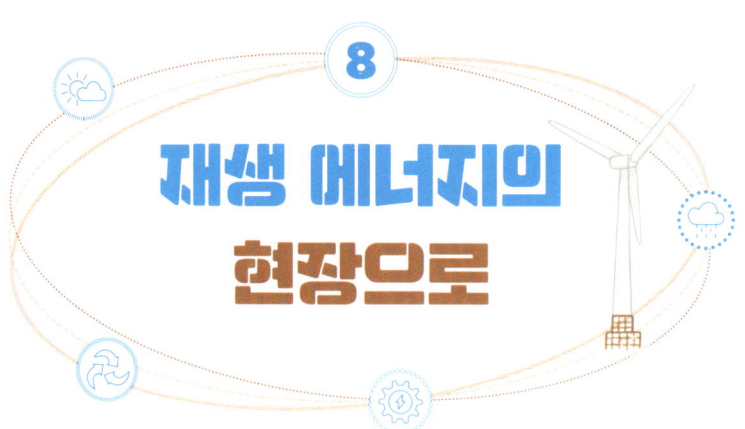

8 재생 에너지의 현장으로

 나잘나 박사가 제주도 세미나에 참석하게 됐다. 요즘 재생 에너지에 부쩍 관심이 많아진 쌍둥이와 차분해 여사도 동행했다. 비행기 창밖으로 제주도의 푸른 바다가 보이기 시작했다.
 "세미나는 내일모레니까 그전에는 제주도의 재생 에너지 현장을 찾아가 보자. 먼저 풍력 발전소로 가 볼까?"
 비행기에서 내린 나잘나 박사가 활짝 웃으며 말했다.
 "VR이나 사진으로만 봤는데, 실제로 본다니 너무 설레."
 세미가 흥분한 표정으로 말하자 재원이도 고개를 힘차게 끄덕이며 덧붙였다.
 "나도, 나도. 풍력 발전기는 정말 한번 보고 싶었어."

공항 건물을 나서자 제주도의 강한 바람이 가족을 맞이했다.
"우와! 바람이 엄청 세다."
재원이가 두 팔을 벌리더니 바람을 한껏 맞으며 소리쳤다. 그런 재원이를 보며 나잘나 박사가 말했다.
"이렇게 바람이 강하니 풍력 발전소가 건설되는 게 당연하겠지?"
렌터카를 빌려 목적지를 향해 달리기 시작했다. 해안 도로를 따라 한참을 달리자 바다 위로 거대한 바람개비들이 줄지어 서 있는 게 보였다. 멀리서 보는 데도 크기가 엄청났다. 거대한 풍력 발전기의 하얀 날개가 천천히 회전하며 허공을 가르고 있었다.

운전을 하던 나잘나 박사가 말했다.

"제주도는 연중 바람이 강하고 일정한 방향으로 불기 때문에 풍력 발전에 최적의 조건을 갖추고 있단다."

창밖 풍경에 푹 빠져 있던 세미가 질문을 던졌다.

"체험관에서 체험했던 내용이지만, 다시 봐도 신기해. 바람이 전기로 변한다니. 아빠, 아빠. 그럼 바람이 많이 부는 제주도에선 풍력 발전이 흔하겠네?"

차분해 여사가 설명을 이어갔다.

"제주도는 2012년부터 탄소 배출 없는 섬을 목표로 신재생 에너지를 확충하려고 노력해 왔단다. 그래서 풍력 발전소와 태양광 발전소가 엄청나게 늘었어. 풍력 발전 단지는 25개소에 이르고, 태양광 발전소는 1,625개에 달한단다."

"우와, 온 섬이 전부 발전소로 넘쳐 나는 거 아니야?"

재원이의 말에 온 가족이 크게 웃음을 터뜨렸다. 차분해 여사도 함박웃음을 지으며 말을 이었다.

"제주도가 얼마나 큰 섬인데, 그런 걱정은 안 해도 된단다. 어쨌든 이들 발전소가 생산할 수 있는 전기 용량은 314메가와트(MW)에 달한다고 해. 보통 1메가와트가 4인 가구 260세대가 사용할 수 있는 발전량이니까, 8만 1,640가구가 사용할 수 있는 전기를 생산한다는 거지."

세미와 재원이의 눈은 커다란 풍력 발전기에 가 있었다. 거대한 날개가 바람을 타고 우아하게 돌고 있었다.

공공 주도 풍력 자원 개발

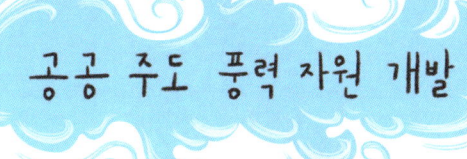

- 탐라 해상풍력 10기 30MW
- 한림 해상풍력 33기 100MW
- 행원풍력 12기 11.45MW
- 월정·행원 해상풍력 25기 125MW
- 한동·평대 해상풍력 21기 105MW
- 김녕풍력 10기 30MW
- 동복풍력 15기 30MW
- 성산풍력 10기 20MW
- 삼달풍력 11기 33MW
- 가시리풍력 23기 45MW
- 상명풍력 7기 21MW
- 수망풍력 7기 25.2MW
- 표선·세화2 하천해상풍력 27기 135MW
- 한경풍력 9기 21MW
- 대정 해상풍력 20기 100MW

와! 진짜 많다!

차분해 여사의 한마디

제주도는 2030년까지 재생 에너지 100% 전환을 목표하고 있어. 바다에 풍력 발전기를 설치하려면 행정 기관에서 공유 수면(국가가 소유한 바다, 강, 하천 등의 수면) 사용 허가를 받아야 해. 바다는 개인의 소유가 아니라 공공재에 속하기 때문이야. 그래서 에너지 공기업인 제주에너지공사를 설립해 공공 주도의 풍력 개발에 힘쓰고 있단다.

마침내 제주특별자치도 제주시 한경면 두모리에 도착했다. 차에서 내린 나잘나 박사가 간단하게 설명을 했다.

"이곳은 전국에서도 손꼽히는 재생 에너지 중심지로 알려져 있어. 제주도에서 가장 먼저 상업용 풍력 발전이 시작된 곳으로 1998년에 첫 발전기를 세우고 꾸준히 늘려 왔지. 지금은 이 일대에만 30기 이상의 대형 풍력 터빈이 설치되어 있단다."

세미와 재원이는 바닷바람을 맞으며 돌아가는 터빈을 가까이에서 바라보았다. 아이들 옆에서 함께 지켜보던 차분해 여사가 말했다.

"이 발전기 하나가 하루에 수백 가구가 쓸 수 있는 전기를 만들어 낸대."

푸른 바다에 우뚝 서 있는 하얀 풍력 발전기의 모습이 늠름해 보였다. 실컷 구경을 한 탓인지 배가 고파진 가족들은 근처 맛집을 찾았다. 해녀가 직접 잡은 해산물로 만든 싱싱한 해물탕을 파는 곳이었다.

"너무 배가 고파서 밥을 두 그릇은 먹을 거 같아."

세미의 말에 재원이가 어이없다는 표정을 지으며 말했다.

"누나는 원래 두 그릇 먹잖아."

나잘나 박사와 차분해 여사가 동시에 웃음을 터뜨렸다. 반찬을 차려 주던 아주머니도 함께 웃으며 물었다.

"서울서 왔수과?"

신기한 제주 방언이었다. 아이들이 동시에 "네"라고 대답하고는 덧붙여 말했다.

"풍력 발전기 보러 왔어요. 너무 멋있어서 놀랐어요."

재원이의 말에 아주머니가 웃으며 대답했다.

"처음 지어질 때만 해도 반대 허민 심허멍 난리난리 헌 햄수다."

순간 아이들은 무슨 말인지 알아듣지 못해 눈만 깜빡거렸다. 그 모습을 본 아주머니가 하하 웃더니 다시 말했다.

"제주말이 알아듣기 쉽지는 않지? 처음에는 동네 사람들의 반대가 엄청 났단다."

세미가 그제야 활짝 웃으며 대답했다.

"아, 네. 반대가 심했다니 왜요? 저렇게 멋진 게 들어오면 사람들도 많이 찾을 테니 좋지 않나요?"

"처음 바다 가운데 저런 게 떡하니 들어온다고 했을 때는 우리 같은 해녀들한테 나쁘지 않을까 걱정이 많았어. 물고기들이 사라질지도 모른다고 생각했거든. 발전기를 설치하면 바다 생태계가 달라져 해산물 채취에 지장이 생길 거라고 걱정했지. 더군다나 소리도 엄청 크다고 해서 이만저만 걱정이 아니었어. 제주도 바람이야 세기로 유명하지만, 바람으로 어떻게 전기를 만든다는 건지 도무지 이해가 안 됐지."

아주머니의 말에 가족 모두가 동시에 고개를 끄덕였다.

잠시 후 재원이가 고개를 갸우뚱하고 물었다.

"그런데 어떻게 이렇게 만들어진 거예요?"

"그때 주민 설명회를 수없이 했지. 기술자들이 와서 그림도 그리고, 모형도 들고 와서 설명하고…. 그래도 반대가 있었어. 어떤 어르신은 발전기 돌아가는 소리가 해양 생물에 영향을 줄 거라고 걱정했고, 또 어떤 사람은 경치가 다 망가진다고 싫어하기도 했지. 그래도 정말 꾸준히 오래 설명하고 설득하더라고…, 뭐 결국은 마을이 다 같이 결정을 내린 거란다."

세미가 조심스럽게 물었다.

"그럼 지금은 어떠세요?"

아주머니는 웃으며 고개를 끄덕였다.

"이제는 많이 달라졌지. 예전엔 태풍만 오면 자주 정전됐어. 한번 정전되면 며칠씩 전기 없이 지낸 적도 있었어. 그런데 풍력 발전기가 들어서고 나서는 상황이 달라졌지. 지금은 이 일대에만 30기가 넘는 풍력 터빈이 돌아가고 있단다."

옆에서 열심히 들으며 받아 적던 재원이가 고개를 번쩍 들더니 물었다.

"바람이 불지 않을 땐 어떻게 해요?"

아주머니가 고개를 끄덕이며 말했다.

"그래서 햇빛으로 전기를 만드는 태양광이랑 같이 사용한단다. 제주도는 바람이 많은 만큼 햇빛도 잘 들거든. 주민 설명회니 모임이니 뛰어다녔더니 아주 전문가가 다 되었단다. 아휴, 내 정신 좀 봐. 다 식겠네. 어서들 맛있게 먹어요."

"네, 잘 먹겠습니다."

세미와 재원이는 동시에 대답하고는 서둘러 숟가락을 들었다. 나잘나 박사와 차분해 여사는 그런 쌍둥이가 무척 대견했다.

가족은 숙소로 돌아가는 차 안에 있었다. 차창 너머로 어둠이 내린 거리가 스쳐 지나갔고, 하얀 풍력 터빈들이 고요히 돌아가고 있었다. 세미와 재원이는 창밖을 바라보며 속으로 다짐했다. 언젠간 바람을 더 효율적으로 활용하는 사람이 되겠다고. 지구를 지키는 방법을 더 많이 배우겠다고 말이다.

9 우리 함께 실천해!

 제주도에서 돌아온 뒤 며칠이 지난 어느 날이었다. 저녁을 먹고 산책을 나선 가족들은 태양광 패널이 달린 가로등을 발견했다. 세미가 신기한 듯 말했다.
 "아빠! 저 가로등에 태양광 패널이 있어!"
 "그렇구나. 사실 우리 주변에는 다양한 재생 에너지 시설들이 있지. 전기를 만드는 방법은 생각보다 훨씬 다양하단다."
 "정말? 어떤 게 또 있어?"
 재원이가 나잘나 박사 옆으로 바짝 붙어 서며 물었다. 나잘나 박사는 재원이 손을 꼭 잡고는 말을 이었다.
 "예를 들어, 영국 런던의 버드 스트리트 쇼핑센터에는 바닥 타일에 전지가 부착되어 있지. 사람들이 밟을 때마다 생기는 운동 에너지를 이용해 전기를 만들어 상가 조명을 켜는 데 사용해."

"우와, 길을 걷기만 해도 전력이 생긴다니 정말 신기하네. 근데 아빠, 재생 에너지를 이용한 건물은 없어?"

"패시브 하우스란 게 있어. 에너지 제로 주택이지."

옆에서 걷던 차분해 여사가 이어서 설명했다.

"패시브 하우스는 에너지를 최대한 보존해서 외부 온도의 영향을 적게 받도록 지어진 집이야."

"집을 그렇게 지을 수도 있다고? 원리가 뭐야?"

"패시브 하우스는 벽에 열을 차단해 주는 단열재를 두껍게 넣어서 집안과 바깥을 철저히 분리해 주지. 그래서 여름엔 바깥의 더운 열기를 막아 주고, 겨울엔 집안의 온기를 잘 지켜 준단다."

"그러면 여름에는 시원하고, 겨울에는 따뜻하겠네?"

세미가 신기한 듯 묻자 차분해 여사가 대답했다.

"맞아."

"와! 패시브 기술이라는 게 대단한데. 일상 속에서 에너지를 아끼는 좋은 방법인 것 같아. 우리도 나중에 여기로 이사 가요."

세미가 자기 바람을 이야기했다.

"좋은 생각이네. 다음번에는 우리도 그런 집을 찾아보자."

산책 후 집에 돌아온 쌍둥이 가족은 거실에 모여 앉았다. 차분해 여사가 가족들을 둘러보며 말을 시작했다.

"얘들아, 우리도 집에서 에너지 절약 방법을 실천해 볼까?"

"좋아. 그런데 어떤 것부터 해야 해?"

차분해 여사가 에너지 절약 체크 리스트를 꺼냈다.

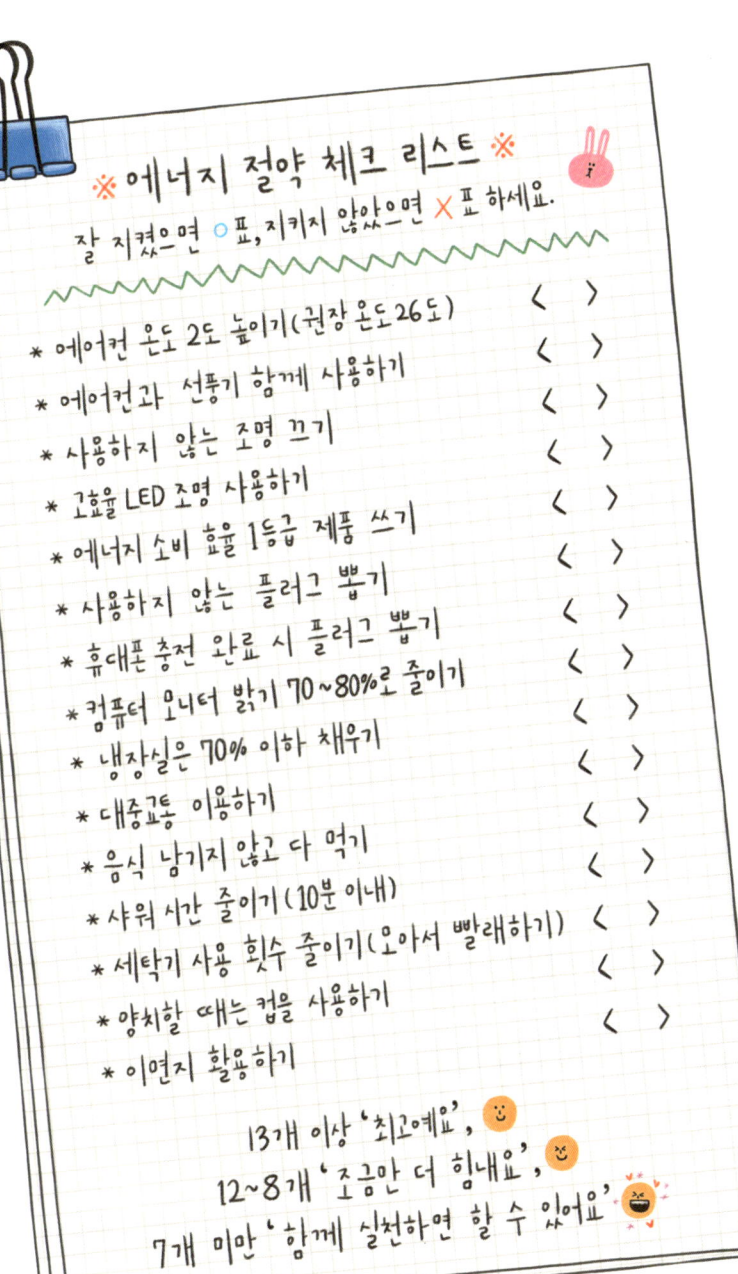

※ 에너지 절약 체크 리스트 ※

잘 지켰으면 ○표, 지키지 않았으면 X표 하세요.

* 에어컨 온도 2도 높이기(권장 온도 26도) 〈 〉
* 에어컨과 선풍기 함께 사용하기 〈 〉
* 사용하지 않는 조명 끄기 〈 〉
* 고효율 LED 조명 사용하기 〈 〉
* 에너지 소비 효율 1등급 제품 쓰기 〈 〉
* 사용하지 않는 플러그 뽑기 〈 〉
* 휴대폰 충전 완료 시 플러그 뽑기 〈 〉
* 컴퓨터 모니터 밝기 70~80%로 줄이기 〈 〉
* 냉장실은 70% 이하 채우기 〈 〉
* 대중교통 이용하기 〈 〉
* 음식 남기지 않고 다 먹기 〈 〉
* 샤워 시간 줄이기(10분 이내) 〈 〉
* 세탁기 사용 횟수 줄이기(모아서 빨래하기) 〈 〉
* 양치할 때는 컵을 사용하기 〈 〉
* 이면지 활용하기

13개 이상 '최고예요'
12~8개 '조금만 더 힘내요'
7개 미만 '함께 실천하면 할 수 있어요'

"엄마가 에너지 절약 리스트를 준비했지. 이 리스트에 있는 내용을 잘 지키면 우리가 쓰는 에너지를 훨씬 줄일 수 있어."

세미와 재원이는 목록을 꼼꼼히 읽었다.

"어때? 매일 실천할 수 있겠어?"

차분해 여사의 말에 쌍둥이는 서로를 쳐다보며 주먹을 불끈 쥐고 동시에 다짐했다.

"응. 할 수 있어!"

그 이후로 쌍둥이는 생활하면서 목록에 적힌 대로 전기가 낭비되지 않도록 신경 썼다. 방을 나올 때는 꼭 전등을 끄고, TV나 컴퓨터를 사용하지 않을 때는 전원을 완전히 껐다. 스마트폰 충전기도 잘 뽑아 두었다.

하루도 빼먹지 않고 에너지 절약 리스트를 보며 점검했다. 나잘나 박사가 탐험 활동 평가에 에너지 절약 체크 리스트 실천도 포함한다고 하자 쌍둥이는 경쟁적으로 더 열심히 했다.

"오늘도 내 체크 리스트는 완벽해. 뭐야? 샤워 시간 줄이기에 ✕로 돼 있네?"

재원이가 세미 체크 리스트를 곁눈질하며 우쭐댔다.

"남의 체크 리스트는 왜 보는데? 어디 네 것도 좀 보자. 엥, 음식 남기지 않고 다 먹기가 O라고? 아까 저녁에 국 남긴 거 내가 봤거든. 체크 리스트를 거짓으로 작성했군."

세미가 재원이를 몰아세웠다.

"아니거든. 다 먹었거든. 거의 다 먹었거든."

"진짜? 정말? 그럼 네가 좋아하는 레고 마인크래프트 걸 수 있어?"

"그걸 내가 왜 걸어?"

"거봐, 못 걸지? 자신 있으면 걸어 봐."

"좋아, 걸자고! 내 에너지 절약 실천의 진정성을 의심하다니. 레고 마인크래프트를 걸고 명예를 지키겠어."

세미는 눈을 가늘게 뜨고 말했다.

"그럼, 각서 써. '에너지 절약 진실성 각서'. 거짓이 밝혀지면 레고 마인크래프트는 내가 갖는다!"

재원이는 각서에 거침없이 서명했다.

"이제 엄마한테 확인하러 가 볼까?"

"엄마한테? 갑자기?"

"응, 아까 설거지하면서 보셨을 거 아니야. 엄마! 재원이가 국 다 먹었어?"

세미가 큰 소리로 외치자 부엌에서 차분해 여사의 목소리가 들렸다.

"1/4 정도 남기고 '배불러요~' 하면서 도망갔는데."

"푸하하!"

세미는 과장되게 웃으며 손뼉을 쳤다.

"들었지? 엄마의 증언 확보. 따라서 레고 마인크래프트는 이제부터 내 거다? 동의하지?"

재원이는 입을 꾹 다문 채 레고 상자를 끌어안았다.

"이건 오해야. 난 국을 다 먹을 생각이었다고. 다만, 갑자기 내 위가 오늘따라 좀 작아졌을 뿐이라고."

세미는 상자 위에 손을 얹으며 비장하게 선언했다.

"그건 법정에서 주장하시고요. 이 레고는 이제 내 거야. 레고 마을에 태양광 발전소부터 지어야겠다!"

"알았어, 알았어. 체크 리스트 다시 고쳐 쓸게."

"그걸로는 부족하지."

"그럼, 뭐?"

"우선 진지한 사과부터 해야지."

"알았어, 미안해. 됐지?"

"좋아, 이번 한 번은 용서해 줄게."

그렇게 세미와 재원이는 합의를 봤다.

"그런데 말이야. 우리가 조금만 신경 써도 이렇게나 전기를 아낄 수 있다는 게 정말 신기해."

세미의 말에 재원이도 고개를 끄덕였다.

가족들은 재생 에너지를 늘리는 것이 중요하지만 에너지와 자원을 아껴 쓰는 일도 매우 중요하다는 사실을 절감했다. 그래서 나잘나 박사와 차분해 여사도 에너지 절약에 적극적으로 참여했다. 그렇게 가족 모두가 작은 데서부터 생활 습관을 바꿔 갔다. 나잘나 박사는 가까운 거리는 자동차 대신 무조건 자전거를 이용했다. 덕분에 운동도 되고 몸도 건강해졌다. 차분해 여사는 비닐봉지를 사용하지 않으려고 외출할 때는 꼭 에코백을 가지고 다녔다.

또 가족들은 집에서 나오는 음식물 쓰레기도 최대한 줄이기로 했다. 차분해 여사는 먹을 만큼만 음식을 만들고, 다른 가족들은 밥과 반찬을 남기지 않고 다 먹기로 다짐했다.

세미와 재원이가 자랑스럽게 외쳤다.

"앞으로 우리 집은 음식물 쓰레기가 없는 집이 될 거야."

에너지 절약을 실천하던 가족이 거실에 모였다. 나잘나 박사가 먼저 얘기를 꺼냈다.

"오늘은 에너지 탐험대 활동을 돌아보면서 시상을 하려고 해. 아빠랑 엄마가 너희의 그간 활동과 에너지 실천 성적 등을 종합적으로 평가해 봤지. 그 결과 두 사람 모두에게 선물을 주기로 했어."

"우와, 정말?"

재원이가 폴짝폴짝 뛰며 기뻐했다.

"용돈이 20%나 인상되는 거야?"

세미도 기쁨을 감추지 못했다.

"너희가 그동안 열심히 탐험 일지를 작성하고 체크 리스트를 점검했다고 결론 내렸거든."

차분해 여사가 재원이의 머리를 쓰다듬으며 말했다.

"너희가 이렇게까지 열심히 할 거라고는 생각 못 했는데, 이번에 우리 쌍둥이를 진짜 다시 봤어. 너무 기특해."

가만히 차분해 여사의 말을 듣던 세미가 자신의 생각을 말했다.

"이번에 일상생활에서 에너지를 아껴 쓰고, 쓸 수 있는 물건을 더 오래 잘 쓰는 활동을 하다 보니까 평소에 너무 새것만 좋아했다는 생각이 들었어. 굳이 사지 않아도 될 물건을 너무 많이 샀던 것 같아. 자원 절약이 정말 중요한 일이라는 걸 절실히 느꼈어."

재원이도 고개를 끄덕이며 말했다.

"나도 누나랑 같은 생각을 했어. 물건을 소중히 여기는 사람이 될래."

"아니, 이렇게 기특한 생각을 하다니. 지금 엄마는 너희들 말에 감동받았어."

"아빠도 마찬가지야."

"뭐, 별것도 아닌데."

세미와 재원이가 머리를 긁적였다. 하지만 칭찬을 받은 쌍둥이는 기분이 최고였다.

세미가 한껏 흥분해 덧붙였다.

"엄마, 아빠. 이렇게 좋은 걸 우리만 하면 안 되잖아?"

세미의 말에 가족들은 모두 동의했다. 그래서 함께 '지구 지킴이 챌린지'를 시작하기로 했다.

"우리가 먼저 시작한 실천을 다른 사람들에게도 함께하자고 설득하자. 작은 실천이 모이고 쌓여야 지구를 구할 수 있을 테니까 말이야."

온 가족이 함께 다짐했다. SNS에 자신들의 실천 방법을 올리고, 친구들과 이웃들에게도 참여를 권유했다.

"여러분도 함께 실천해 볼래요? 작은 변화가 모인다면 우리의 지구는 더 건강하고 아름다운 곳이 될 거예요."

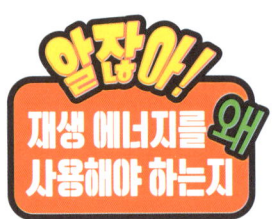

초판 발행 2025년 8월 21일
초판 인쇄 2025년 8월 14일

글 오승현 | 그림 이한울

펴낸이 안경란
펴낸곳 새를기다리는숲(파란정원)
출판등록 제2019-000069호
주소 서울특별시 은평구 가좌로 175, 5층
전화 02-6925-1628 | **팩스** 02-723-1629
제조국 대한민국 | **사용연령** 8세 이상 어린이
홈페이지 www.bluegarden.kr | **전자우편** eatingbooks@naver.com
종이 다올페이퍼 | **인쇄** 조일문화인쇄사 | **제본** 경문제책사

글ⓒ2025 오승현 | 그림ⓒ2025 이한울
ISBN 979-11-972235-8-7 73400

이 책은 저작권법에 따라 보호받는 저작물이므로 무단 전재와 무단 복제를 금지하며,
이 책 내용의 전부 또는 일부를 이용하려면 반드시 저작권자와 새를기다리는숲(자매사 파란정원·책먹는아이)의
동의를 얻어야 합니다.
*잘못된 책은 구입하신 서점에서 바꿔 드립니다.